Gelassenheit lernen

Gewohnheiten ändern und innere Ruhe finden - Wut, Ängste und Gedanken kontrollieren

Ananas des Lebens Band 3

Angelika Hornig

Angelika Hornig ist eine leidenschaftliche, engagierte und talentierte Autorin und souveräne Expertin in diverses Gebietet rund um das Thema Persönlichkeitsentwicklung. Sie wurde 1984 in Berlin geboren und hat nun seit kurzen wieder den Weg in ihre alte Heimatstadt zurückgefunden, nach langjährigen Lebensmittelpunkten wie, Mailand, Budapest, Helsinki, Las Palmas und São Paulo. Expertenstatus als Raumpsychologin und ein umfangreiches internationales Wissen über Mensch und Seele konnte sie sich auf ihren langjährigen Reisen rund um den Globus aufbauen und vertiefen. In ihren Büchern schreibt sie über Themen wie, Minimalismus, Selbstmanagement, emotionale Gefühlskontrolle, das eigene Ich und wie Sie sich selbst wieder lieben lernen können. Ihr einzigartiger und liebevoller Schreibstil bringt Sie auf einfache, aber doch einschlagende Weise Ihren Zielen und Wünschen näher. Sie selbst beschreibt sich als unermüdliche perfektionistische Autorin, um den Wünschen und Ansprüchen der Leser gerecht zu werden.

"Ich wünsche allen ganz viel Spaß und Unterhaltung mit meinen Büchern"

Ihre

Angelika Hornig

Was Sie auch interessieren könnte

Lesen Sie auch folgendes:

https://amzn.to/31y8CoL

oder

„Angelika Hornig“ in die Amazon Suchleiste eingeben

Was Sie auch interessieren könnte

Lesen Sie auch folgendes:

https://amzn.to/2EGlEYF

oder

„Angelika Hornig" in die Amazon Suchleiste eingeben

Inhaltsverzeichnis

Gelassenheit lernen: Immer mit der Ruhe

Lange Wartezeiten, ein winzig kleiner Fehler, falsch gewählte Worte – für manche Menschen ist das schon ausreichend, um richtig wütend zu werden und aus der Haut zu fahren. Frust, Verspannung, und Verwirrung sorgen dafür, dass Sie sich völlig vergessen. Es folgt ein Temperamentsausbruch, den Sie nicht unter Kontrolle haben. Schimpfen, fluchen und den Frust herauslassen muss in solchen Momenten unbedingt sein, weil Sie dadurch kurzzeitig Erleichterung empfinden und gleichzeitig Magengeschwüre vorbeugen.

Es gibt aber auch die Menschen, die sich von nichts aus der Ruhe bringen lassen und einfach komplett tiefenentspannt sind. Sie lassen ihren Frust erst gar nicht Überhand gewinnen, sondern gehen die Dinge gelassen an. „Balu der Bär“ hat im Dschungelbuch gesungen: „Versuch’s doch mit Gemütlichkeit“ und hat damit nicht unrecht. Denn wer den Dingen gelassen gegenübertritt, lebt die neue Form von Gemütlichkeit. Vielen Menschen gelingt das nur sehr schwer. Anstatt Ruhe zu bewahren und sich von nichts erschüttern zu lassen, geraten sie in Rage, regen sich auf und werden unendlich wütend.

Die emotionale Zündschnur ist so kurz, dass sich eine Explosion kaum verhindern lässt. Gelegentlich genervt ist wohl jeder einmal. Doch warum sind manche Menschen so leicht reizbar und sehen kleine Provokationen gleich als Kriegserklärung an? Was geht in diesen Menschen vor, die immer impulsiv sind? Kennen sie überhaupt das Gefühl von Gelassenheit?

Die hohe Reizbarkeit führen Neurowissenschaftler zum Teil auf psychologische Eigentümlichkeiten im Gehirn dieser Menschen zurück. In der Theorie wird davon ausgegangen, dass eine Störung in der Regulierung von Emotionen vorliegt. Das glaubt zumindest die Psychiaterin Ellen Leibenluft des US-amerikanischen National Institute of Mental Health.

Normalerweise läuft der Regulierungsprozess im Gehirn folgendermaßen ab: In einem sehr alten Teil des Gehirns wird die Entscheidung gefällt, ob der jeweilige Reiz emotional von Bedeutung ist beziehungsweise einen Wert hat, weil er vielleicht eine Bedrohung darstellt. Anschließend überprüft die Hirnregion direkt hinter der Stirn, ob wirklich Gefahr besteht und die erste Reaktion richtig gewesen ist. Wenn sich herausstellt, dass dem Reiz keine größere Bedeutung beigemessen werden muss, werden entstehende Wut- oder Angstgefühle unterdrückt.

Bei leicht reizbaren Menschen funktioniert dieser Mechanismus anscheinend nicht so gut, da scheinbar die Verbindung zwischen den Hirnhälften schwächer ausfällt. Ist die Erklärung für fehlende Gelassenheit wirklich so einfach? Vielleicht sind es ja auch negative Lebenserfahrungen, die einen Menschen dünnhäutig gemacht haben? Um Gelassenheit zu leben, brauchen Sie dauerhaft emotionale Stabilität, die aber immer durch negative Erfahrungen, Krankheit, Trauer und Trennung aus dem Gleichgewicht gerät. Sie können an innerer Stärke und emotionaler Stabilität arbeiten, um mehr Gelassenheit zu erlangen.

Die Formel für Gelassenheit

Zitat:

„Gib mir die Gelassenheit, Dinge hinzunehmen, die ich nicht ändern kann. Den Mut und die Kraft, die Dinge zu verändern, die ich verändern kann und die Weisheit, das eine vom anderen zu unterscheiden."

Reinhold Niebuhr

Was bedeutet Gelassenheit?

Eine sehr gute Definition für Gelassenheit verbirgt sich hinter folgendem Sprichwort:

Zitat:

„Gelassenheit, Gleichmut, innere Ruhe oder Gemütsruhe ist eine innere Einstellung. Die Fähigkeit, vor allem in schwierigen Situationen die Fassung oder eine unvoreingenommene Haltung zu bewahren. Sie ist das Gegenteil von Unruhe, Aufgeregtheit, Nervosität und Stress."

Während Gelassenheit den emotionalen Aspekt betont, bezeichnet Besonnenheit die überlegte, selbstbeherrschte Gelassenheit, die besonders auch in schwierigen oder heiklen Situationen den Verstand die Oberhand behalten lässt, also den rationalen Aspekt innerer Ruhe." Grundsätzlich ist Gelassenheit eine Lebensphilosophie, mit der das Leben einfacher und unkomplizierter wird.

So hat Papst Johannes XXIII in seinem Buch „Für das Glück geschaffen: Die 10 Regeln der Gelassenheit“ interessante Leitsätze formuliert. Diese Lebensregeln beziehen sich auf das Leben im Allgemeinen und nicht auf den christlichen Glauben. Diese 10 Regel möchte ich Ihnen auf gar keinen Fall vorenthalten, da sie für die Ganzheitlichkeit dieses Buches essenziell sind.

Aus: „Für das Glück geschaffen: Die 10 Regeln der Gelassenheit“ von Papst Johannes XXIII

Zitat: „1. Leben - Nur für heute werde ich mich bemühen, einfach den Tag zu erleben – ohne alle Probleme meines Lebens auf einmal lösen zu wollen.“

Zitat: „2. Sorgfalt - Nur für heute werde ich größten Wert auf mein Auftreten legen und vornehm sein in meinem Verhalten: Ich werde niemanden kritisieren; ja ich werde nicht danach streben, die anderen zu korrigieren oder zu verbessern... nur mich selbst.“

Zitat: „3. Glück - Nur für heute werde ich in der Gewissheit glücklich sein, dass ich für das Glück geschaffen bin ... nicht nur für die andere, sondern auch für diese Welt.“

Zitat: „4. Realismus - Nur für heute werde ich mich an die Umstände anpassen, ohne zu verlangen, dass die Umstände sich an meine Wünsche anpassen.“

Zitat: „5. Lesen - Nur für heute werde ich zehn Minuten meiner Zeit einer guten Lektüre widmen. Wie die Nahrung für das Leben des Leibes notwendig ist, ist die gute Lektüre notwendig für das Leben der Seele.“

Zitat: „6. Handeln - Nur für heute werde ich eine gute Tat vollbringen – und ich werde es niemandem erzählen.“

Zitat: „7. Überwinden - Nur für heute werde ich etwas tun, wozu ich keine Lust habe. Sollte ich mich in meinen Gedanken beleidigt fühlen, werde ich dafür sorgen, dass niemand es merkt.“

Zitat: „8. Planen - Nur für heute werde ich ein genaues Programm aufstellen. Vielleicht halte ich mich nicht genau daran, aber ich werde es aufsetzen. Und ich werde mich vor zwei Übeln hüten: vor der Hetze und vor der Unentschlossenheit.“

Zitat: „9. Mut - Nur für heute werde ich keine Angst haben. Ganz besonders werde ich keine Angst haben, mich an allem zu erfreuen, was schön ist. Und ich werde an die Güte glauben."

Zitat: „10. Vertrauen - Nur für heute werde ich fest daran glauben – selbst wenn die Umstände das Gegenteil zeigen sollten –, dass die gütige Vorsehung Gottes sich um mich kümmert, als gäbe es sonst niemanden auf der Welt."

Jeden Tag aufs Neue haben Sie die Chance, mehr Gelassenheit zu erlangen. Nehmen Sie sich nicht zu viel auf einmal vor, sondern suchen Sie an jedem Tag und zu jeder Stunde nach guten Dingen. Üben Sie sich in Geduld und übertreiben Sie nicht.

Gelassenheit beginnt in Ihrem Kopf

Es gibt sehr viel gute Literatur über Gelassenheit. So schreibt beispielsweise Elke Nürnberger, dass Gelassenheit ein „Zustand von Angstfreiheit und Souveränität“ ist. In Ihrem Kopf herrscht Ordnung und Ruhe, weil Sie verstanden haben, dass Sie Dinge, die sich nicht ändern können, einfach akzeptieren und dementsprechend damit einen angemessenen Umgang pflegen.

Diese Gelassenheit beschert Ihnen, dass Sie sich nicht unnötig über jede Kleinigkeit aufregen, ruhig bleiben und nicht gleich in Panik verfallen. Es stellt sich eine innere Sicherheit ein. Sie sorgt dafür, dass Sie entspannt und souverän mit Problemen und Schwierigkeiten umgehen.
Anders ausgedrückt:

- durch Gelassenheit haben Sie die grenzenlose Ohnmacht im Griff, die Auslöser für Wutausbrüche und Rage ist.

- Sie erhalten Ihre Handlungsfähigkeit wieder, die Ihnen durch starke Emotionen und blinde Wut genommen wird.

Damit das funktioniert, müssen Sie die Macht erkennen, mit der Sie die Situation lösen.

Zitat:

„Je mehr Möglichkeiten wir wahrnehmen, desto besonnener bleiben wir – und je gelassener wir an Dinge herangehen, desto mehr Handlungsspielraum haben wir."

Reinhold Nürnberger

Was blockiert das Lernen von Gelassenheit?

Am häufigsten kommt es zu einem Ausraster, wenn Grenzen überschritten werden. Sie werden von einer anderen Person persönlich angegriffen, jemand tritt Ihre Werte mit Füßen oder verletzt Ihre Privatsphäre. Dabei stellen sich Gefühle wie ausgenutzt, betrogen und ungerecht behandelt werden, ein. Diese können sogar so weit ausufern, dass Sie Angriffe als seelische Vergewaltigung einstufen.

Sie haben keinen Einfluss darauf, es passiert einfach. Daraus ergibt sich eine automatisierte, reflexartige und unüberlegte Reaktion. Sie tritt zu den unterschiedlichsten Gelegenheiten auf:

- Ein anderer Autofahrer benimmt sich wie ein Verkehrsraudi. Sie hupen blind vor Wut, schimpfen und gestikulieren wild, obwohl der Drängler bereits außer Sichtweite ist.

- In der Straßenbahn rempelt Sie eine andere Person an. Sie rempeln zurück und ergehen sich in wilden Beschimpfungen und motzen über das schlechte Verhalten.

- Eine andere Person hält Ihnen eine Standpauke und beginnt zu meckern. Sie werden sofort laut, beleidigen den anderen und schimpfen wie ein Rohrspatz, weil Sie sich die Beschimpfungen nicht anhören wollen.

Ihre Reaktion ist zwar irgendwo zu verstehen, allerdings schaukeln Sie damit Ihre eigenen Emotionen hoch. Gelassenheit beginnt aber in Ihren Gedanken, indem Sie alleine die Entscheidung treffen. Sie sind derjenige, der anderen Menschen die Möglichkeit gibt, Sie völlig aus der Fassung zu bringen und eine große emotionale Belastung auszulösen. Kein anderer Mensch kann für Ihre Gelassenheit die Verantwortung übernehmen. Darum sollten Sie die Entschuldigung gegenüber Ihnen selbst, dass ein anderer dafür verantwortlich ist, nicht gelten lassen.

Sie haben es zugelassen, dass Menschen und Dinge Sie provozieren. Sich dem entgegenzustellen, ist nicht einfach. Es sei denn, Sie gehören zu den Menschen, die mit einer Zen-Mentalität ausgestattet sind und sich durch nichts Ihre Gelassenheit nehmen lassen. Die Anstrengung, um Gelassenheit zu lernen, lohnt sich aber in jeder Hinsicht.

Neben den direkten Faktoren gibt es noch weitere Umstände, die Einfluss auf Ihre Gelassenheit haben und den Vorsatz für mehr innere Ruhe auslöschen. Am häufigsten liegt das Problem vor, dass Sie Gelassenheit nur als eine besondere Ausnahme sehen. Ein Großteil der Menschen regt sich ständig über irgendwelche Dinge auf, der Einzelne diskutiert, redet sich in Rage, lässt sich provozieren, rastet aus und steht immer unter Strom. Gelassenheit passt da nicht und rückt durch einige Faktoren immer weiter in die Ferne.

- **Zusammengehörigkeitsgefühl:** Das mag jetzt komisch klingen. Doch durch das Zusammenschließen und gemeinsame Aufregen über eine Sache entsteht ein Wir-Gefühl. Sie haben alle das gleiche Feindbild. Das schweißt zusammen und erzeugt ein Gruppengefühl, ein Gefühl von Zugehörigkeit. Danach streben viele Menschen. Wenn Sie sich beispielsweise zusammen mit einem Kollegen über einen schwierigen Kunden oder den inkompetenten Vorgesetzten auslassen, fühlen Sie sich zu der Gruppe dazugehörig. Diejenigen, die die Situation mit Gelassenheit sehen, werden als Außenseiter abgestempelt.

- **Schlechte und alte Gewohnheiten:** Wut, Zorn, Aufregen und Nervosität werden zu Gewohnheiten, mit denen Sie auf bestimmte Situationen reagieren, weil sie diese verinnerlicht haben. Sie treten ganz automatisch auf, ohne dass Sie sich dessen wirklich bewusst sind. Diese Verhaltensmuster können Sie nicht in kurzer Zeit verändern. Das macht es so schwer, mehr Gelassenheit zu erlangen. Denn Sie haben viele Jahre die andere Art zu leben praktiziert.

- **Keine Aussicht darauf, Gelassenheit zu leben:** Sie haben den festen Glauben daran, dass bei Ihnen Gelassenheit nicht funktioniert, mit Ihrem Job und den weiteren Anforderungen schon gar nicht. Einfach zu viel Arbeit, Aufgaben, Stress, jede Menge nervende Menschen. Für nichts anderes ist Zeit. Wie sollen Sie dabei gelassener bleiben? Diese Gedanken und die damit einhergehende Einstellung lassen Sie mit Ihrem Vorhaben nach mehr Gelassenheit garantiert scheitern, da es direkt im Keim erstickt wird. Weil die Situation aussichtslos erscheint, wagen Sie erst gar nicht den Versuch. Sie brauchen sich daher nicht zu wundern, dass bei der nächsten Gelegenheit die Wut wieder hochkocht und Sie aus der Haut fahren.

- **Einfachheit:** Wut und Raserei sind der leichtere Ausweg aus Situationen, auch wenn Gelassenheit der positivere, bessere Weg ist. Doch hinter Gelassenheit lernen steckt viel Arbeit. Darum bleiben Menschen lieber dabei, sich über jede Kleinigkeit maßlos aufzuregen, aus der Haut zu fahren und den Emotionen freien Lauf zu lassen. Das erfordert nämlich keine Kontrolle. Wer gelassener werden möchte, muss umdenken, Selbstbeherrschung lernen und das Selbstbewusstsein aufbauen, um mit jeder Situation umgehen zu können, ohne gleich ausrasten zu müssen.

Warum ist Gelassenheit so wichtig und lohnenswert?

Gelassenheit bringt Ihnen nur Vorteile, sogar in den Situationen, wenn Gefahr droht. Sie reagieren besonnener und angemessener, wenn Sie nicht von Wut und Angst überflutet werden. Gelassenheit hilft Ihnen dabei:

- die beste Lösung ausfindig zu machen, wenn Probleme auftreten, anstatt wütend zu werden und andere Menschen verbal anzugreifen.

- zuzuhören, anstatt anderen ins Wort zu fallen, Kritik zu üben und anderen die Schuld zu geben.

- aus Misserfolgen und Fehlern zu lernen und sich dafür nicht kleinzumachen oder zu verurteilen.

- in der Lage zu sein, Schicksalsschläge und Krisen anzunehmen und nicht den Blick nach vorne zu verlieren, anstatt sich zu bedauern und an sich selbst zu zweifeln.

- Kritik und Zurückweisung nicht persönlich zu nehmen.

- Ihre Fähigkeiten zu entfalten und kreativ zu sein, anstatt ständig über eine Bruchlandung nachzudenken und Angst davor zu haben.

- Ihre Energie und Kräfte dosiert einzusetzen, anstatt alle wichtigen Ressourcen für Anstrengungen in Wut zu verschwenden.

- selbst über Ihr Verhalten zu entscheiden, anstatt in die Opferrolle zu schlüpfen.

- nicht so viele Sorgen zu haben, da viel weniger Bedrohungen vorhanden sind.

- deutlich besser mit Stress umzugehen.

Alle diese Punkte hören sich toll an. Allerdings müssen Sie dafür etwas tun. Doch warum sollten Sie sich um mehr Gelassenheit bemühen und an Ihnen selbst arbeiten? Ganz einfach! Weil Gelassenheit viele Vorteile bietet, die sogar nachgewiesen sind. Studien belegen, dass gelassene Menschen weniger grübeln, zufriedener, gesünder und glücklicher sind, egal, wie heftig sich alles darstellt. Sie haben ihre Gedanken unter Kontrolle und schaffen keinen Platz für falsche Berater, die auf emotionalen Empfindungen aufbauen. Sie stehen sich nicht selbst im Wege und sind erfolgreicher, weil sie einen guten Abstand zu Problemen und Krisen haben. Außerdem sind gelassene Menschen beliebt, weil sie einen ruhenden Pol darstellen. Wer ständig nervös, planlos und sprunghaft ist, wirkt wie ein gehetztes Tier und verbreitet wenig Souveränität. Gelassene Menschen haben weniger Sorgen und damit weniger Belastungen, die sie mit sich herumschleppen. Es bleibt viel Zeit, um sich auf die schönen, positiven Dinge zu konzentrieren, gute Lösungen zu finden und neuen Mut zu schöpfen. Denn eine pessimistische Einstellung hat keinen Platz im Leben von gelassenen Menschen.

Mit Gelassenheit sind Sie in der Lage, ohne äußere Einflüsse und Manipulationen das eigene Glück zu schmieden und das Leben nach den eigenen Vorstellungen zu gestalten. Gerade in der heutigen Zeit ist Gelassenheit wichtig und erlangt immer größere Bedeutung, weil alles immer schnelllebiger, größer und auch dramatischer wird. Sie entziehen sich ganz bewusst Trubel, Sorgen, Stress, auftretenden Zweifeln und gehen mit einer positiven Einstellung an die Dinge heran.

Den Königsweg wählen und Gelassenheit aneignen

Sie haben bisher erfahren, warum Gelassenheit so gut ist und was Ihnen den Weg versperrt. Sie kennen die Dinge und unterschiedlichen Abläufe. Eigentlich müssen Sie nicht mehr reagieren, sondern lediglich Entscheidungen treffen. Wenn da nur nicht die Ernüchterung wäre, die die Erkenntnis im Gepäck hat, dass die Informationen alleine nicht zu mehr Gelassenheit führen.

Auch wenn sich jetzt im ersten Moment Frust breit macht, sollten Sie die Lektüre nicht aus der Hand legen und Ihr großes Ziel nicht beiseiteschieben. Sie haben einiges an Wissen erlangt, dass Sie jetzt in einer vielleicht akuten Situation abrufen können. In den eigenen vier Wänden stellt Gelassenheit kaum eine große Herausforderung dar. Begegnet Ihnen im realen Leben ein Mensch, der Ihnen auf die Füße tritt und es tauchen immer wieder scheinbar neue Probleme auf, ist es mit der Ruhe vorbei.

Schon wieder stehen Sie kurz davor, aus der Haut zu fahren und Ihrem Frust, Ärger, Wut und Stress Luft zu machen. Sie sehen, Gelassenheit lernen ist eine knifflige Herausforderung, die es zu meistern gilt.

Vergessen Sie die Annahme, dass es „Sofort-Erfolge“ gibt. Doch Sie können mit Gelassenheit an die Sache gehen, um mehr Gelassenheit zu erlangen. Das gelingt Ihnen, indem Sie Ruhe bewahren und nicht gleich alles auf einmal verändern wollen. Der richtige Weg für mehr Gelassenheit funktioniert am besten Schritt für Schritt. Und das ist gar nicht so schwer...

Tipps für mehr Gelassenheit

1. Prüfen Sie Ihre Wahrnehmung

Ist etwas passiert, worüber Sie sich wieder maßlos ärgern und aufregen, sollten Sie einmal genauer schauen, was eigentlich passiert ist. Ist es wahrhaftig so furchtbar? Ist es wirklich so schlimm oder spielt Ihnen Ihre Einbildung nur einen Streich? Eine verbreitete Existenzangst ist beispielsweise: „Wenn ich die Arbeitsstelle verliere, finde ich nie wieder einen Job!“ In vielen Fällen ist das eine maßlose Übertreibung und hat nichts mit der Realität zu tun. Allerdings stellt sich hier ein sehr reales Gefühl ein. Um Gelassenheit zu lernen, müssen Sie Ihre eigene Realität auf den Prüfstand stellen und genau hinterfragen. Diese stellt sich oftmals sehr subjektiv dar und hat dadurch eine prägende Wirkung auf den eigenen Standpunkt.

Haben Sie zum Beispiel das Gefühl, dass es in Ihrem Umfeld einen Menschen gibt, der Ihnen nicht gut gesonnen ist, muss das noch lange nicht die Wahrheit sein. Darum lohnt es sich nicht, sich darüber aufzuregen.

2. Treffen Sie Entscheidungen

Vielleicht haben Sie ja das Gefühl, dass eine andere Person durch ein bestimmtes Verhalten nur darauf aus ist, dass Sie explodieren. Doch denken Sie immer daran, dass Sie die Entscheidung in der Hand haben. Sie haben die Entscheidungsfreiheit, ob sie gelassen reagieren oder auf die Herausforderung anspringen.

Sicherlich werden Sie mit Umständen konfrontiert, wo Gelassenheit unendlich schwerfällt. Sie verspüren den großen Wunsch, die Wut und den Frust herauszulassen. Die anderen tragen ja schließlich die Schuld an der Situation. Gerade in solchen Situationen bedeutet gelassen bleiben, sich zurückzunehmen. Damit haben Sie sich ganz bewusst zu dieser Reaktion entschieden. Nicht auf das provozierende Verhalten einzugehen und Ruhe zu bewahren, bedeutet, Eigenverantwortung zu übernehmen. Denn Sie wissen, dass Ihnen der Wutausbruch und der Stress nicht guttut. Sie belasten damit Ihre gute Gesundheit, die Sie ja eigentlich lange erhalten möchten.

3. Nicht mehr so viel vergleichen

Normalerweise schauen Menschen immer auf andere und stellen Vergleiche an. „Mein Nachbar hat ein schickeres, teureres Auto, mein Kollege fährt dreimal im Jahr in den Urlaub, mein Freund hat ein viel größeres Haus als ich…!“

Solche Denkweisen werden als Aufwärtsvergleich bezeichnet. Sie sehen nur, was andere haben und dass auf der anderen Seite des Zaunes das Gras viel grüner ist. Für solche Aussagen und Denkvorgänge gibt es sogar einen Grund. Durch die sozialen Vergleiche versuchen Sie in einer Gruppe anerkannt und akzeptiert zu werden. Viele Jahre früher war das für Menschen überlebenswichtig. Heute steht Ihnen ein solches Denken nur im Weg. Denn Sie sehen nur noch die Menschen, denen es scheinbar besser geht. Sie beginnen, sich zurückzuziehen und setzen sich massiv unter Druck.

Soziale Netzwerke wie Facebook, Instagram & Co. beeinflussen zusätzlich solche Aussagen und vergiften die Einstellung. Dadurch verbauen Sie sich den Weg in eine glückliche, gelassene Zukunft. Auf den Social Media Plattformen wird nur das tolle Leben mit seiner Schokoladenseite gezeigt. Es gibt nur die tollsten Bilder, die das Selbstbewusstsein des Betrachters tüchtig ankratzen. Es entsteht das Gefühl von Unterlegenheit. Wenn

Sie sich dieser Auswirkungen bewusstwerden, haben Sie die Entscheidungsfreiheit, ob Sie auf den Zug aufspringen wollen oder nicht. Noch besser ist sogar, dass Sie die Wahlfreiheit besitzen, ob Sie sich an diesem Spiel beteiligen wollen oder nicht.

4. Abwärts vergleichen

Schauen Sie doch einmal. Es gibt Menschen, die haben es nicht so gut wie Sie, sie müssen auf viele Dinge verzichten. Sie haben einen schlechter bezahlten Job und wohnen mit der ganzen Familie in einer Zweizimmerwohnung.

- Die vielen Menschen in den Ländern der Dritten Welt haben nichts zu essen und leben unter schlimmen Verhältnissen.

- Menschen mit einer Behinderung können ihr Leben nicht mehr alleine und selbstbestimmt gestalten.

- Menschen, die in die Obdachlosigkeit geraten, schieben ihr ganzes Hab und Gut in einem Einkaufswagen durch die Stadt und haben nachts keinen ordentlichen Platz zum Schlafen.

Es mag für Sie jetzt wie Klischees klingen. Doch diese Vergleiche funktionieren sehr gut. Wenn Sie über solche Dinge einmal nachdenken, werden Sie schnell große Dankbarkeit spüren. Es stellt sich Entspannung und Gelassenheit ein, weil Sie sehen, wie gut es Ihnen doch geht. Es ist keine Schande, wenn Sie Abwärtsvergleiche nutzen, um sich besser zu fühlen. **Wer sich gut fühlt, stellt die nötige Energie bereit, um anderen Hilfestellung zu geben**. Darum ist es nicht verwerflich.

5. Ausdrucksweise überdenken

Denken Sie einmal über die Wahl Ihrer Worte nach. Das mag vielleicht banal klingen, doch ist es nicht oft genug so, dass schnell aus einer Mücke ein Elefant gemacht wird? Machen Sie beispielsweise aus einem Problem ein MEGA-Problem oder aus schlechten Zahlen KATASTROPHALE Zahlen? Gehören zu Ihren Lieblingsworten „furchtbar, brutal, irrsinnig und der totale GAU?“

Bei kleinen Katastrophen werden Sie mit diesen Wortkombinationen zum Katastrophen-Sprecher und zeigen, dass Sie genauso denken! Sie verwenden die völlig überzogene XXL-Sprache und erzeugen damit noch mehr das Gefühl der Ohnmacht.

Sie reden sich selbst ein, dass es nichts mehr zu retten gibt und nichts mehr da ist, was Gelassenheit hervorrufen könnte. **Verwenden Sie eine realistische Sprache**. Damit gelingen Ihnen klare Gedanken und Perspektiven, die wiederum zu Gelassenheit führen.

6. Ausgleich schaffen

Das Aneignen von Gelassenheit gelingt leichter ohne Stress. Versuchen Sie Stressfaktoren so gut wie möglich zu entgehen und suchen Sie sich einen Ausgleich, der für Entspannung neben dem Dauerstress sorgt. Sie stehen mehr als 8 Stunden am Tag unter Hochspannung. Wie wollen Sie da den ständig wechselnden Situationen mit Gelassenheit entgegentreten?

Genauso wie Ihre wichtigen Termine, die Sie gut getaktet planen, nehmen Sie sich in Ihrem Terminkalender Zeit für sich selbst. Sie machen einen Termin mit sich und nutzen dieses Zeitfenster beispielsweise für ein Training im Fitnessstudio, ein Treffen mit guten Freunden, für ein gutes Buch, ganz einfach für Dinge, die Ihnen Spaß bereiten und Sie zur Ruhe kommen lassen. Dinge, die Ihnen Freude bereiten, verursachen keinen Stress, erlauben Ihnen, andere, angenehme Gedanken zu haben und helfen dabei, dass Sie vieles gelassener sehen.

7. Endlich „NEIN“ sagen

Besonders wichtig ist das kleine Wort mit den vier Buchstaben, wenn Überforderung droht. Die Arbeit im Büro bekommen Sie kaum noch bewältigt und es wird nicht weniger, sondern mehr, weil Ihnen noch ein Projekt zugeschoben wird oder ein kurzfristiges Meeting ansteht. Wenn es Ihnen zu viel wird, sollten Sie versuchen, falls möglich, zu delegieren. Genauso haben Sie die Möglichkeit, nein zu sagen, bevor alles eskaliert. Damit sind Sie die Person, die an der Stellschraube der Gelassenheit dreht. Sie passen die Rahmenbedingungen an und beugen damit Druck und Stress vor.

Nein zu sagen bedeutet nicht, dass Sie Schwäche zeigen. Vielmehr verdeutlicht das kleine Wort, dass Sie Ihre Grenzen kennen, die eingehalten werden sollen. Wer nein aus seinem Repertoire gestrichen hat, wird ausgenutzt. Daraus entsteht eine psychische und physische Überlastung, die Sie mit Gelassenheit nicht mehr ausgleichen können.

8. Prioritäten festlegen

Sie haben die Entscheidungsfreiheit in vielen Dingen, die Sie als wichtig, dringend, oder weniger wichtig erachtet werden und die Sie abgeben können. Dafür eignet sich die Eisenhower-Methode hervorragend.

Durch Ordnung schaffen Sie einen guten Überblick, der wiederum ein Gefühl von Sicherheit gibt. Es entsteht ein entspanntes Gefühl, dass den Weg zu mehr Gelassenheit ebnet. Verdeutlichen Sie sich, dass die meisten Situationen, Dinge und Personen ein Problem für mehr Gelassenheit darstellen. So wichtig, wie diese sich im ersten Moment darstellen, sind sie bei einer zweiten Betrachtung nicht. Stellen Sie die wirklich wichtigen Dingen im Leben den Sachen gegenüber, die Ihnen den Weg zu mehr Gelassenheit versperren. Sie werden feststellen, dass es keinen Anlass gibt, die Ruhe zu verlieren.

9. Exit-Strategie

Sie ist die sogenannte Notbremse, die Sie ziehen. Kommt es bei einem Streit zur Eskalation, schaukeln Sie sich nicht noch weiter hoch, sondern ziehen Sie sich zurück und verlassen Sie den Raum. Damit setzen Sie das Signal, dass Sie erst wieder mit dem Gesprächspartner reden, wenn beide Parteien sich beruhigt haben. Die Exit-Strategie nimmt nicht nur die Schärfe aus brenzligen Situationen und hilft Ihnen, gelassen zu bleiben, sondern ist zugleich ein guter Schutzmechanismus für dauerhafte Beziehungen. Oft werden im Affekt Worte gesagt, die Sie gar nicht mit einer solchen Härte zum Ausdruck bringen wollten.

Anstatt den Gesprächspartner anzugreifen und es später zu bereuen, ist der bessere Weg, frühzeitig bei sich selbst und bei anderen die Bremse zu ziehen.

Zitat:

„Gelassenheit gewinnt man nur in
der Besinnung auf das Wesentliche.“

Georg Moser

10. Trennen Sie sich von perfektionistischem Denken

Ausgeglichenheit hat einen natürlichen Gegner. Er heißt Perfektionismus und weiß ganz genau zu verhindern, dass Sie endlich einmal „Fünf gerade sein lassen" und Ihre innere Ruhe finden. Er hat an allem etwas auszusetzen und nichts ist ihm gut genug. Wenn Sie Ihr Leben mit mehr Bewusstsein führen, wird Ihnen früher oder später klar, dass Perfektionismus Ihr Weiterkommen verhindert. Er frisst all Ihre Kraft, Energie und verbreitet Unzufriedenheit, da er behauptet, dass Sie es noch besser können. Er ist die Triebfeder, die Ihre kostbare Zeit beschneidet, und treibt Sie dazu, etwas perfekt erledigen zu wollen. Grundsätzlich könnten Sie in dieser verschenkten Zeit zehn andere Sachen zum Abschluss bringen.

Treten Sie dem Perfektionismus mit Gelassenheit entgegen und entscheiden Sie sich bewusst, ob Sie sich wirklich darauf einlassen wollen. Machen Sie sich aber auch gleichzeitig klar, dass es ein „perfekt" nicht gibt.

Tipp:

Entscheiden Sie sich dafür, nicht alles perfekt machen zu wollen. Das ist die bessere Wahl, wenn es um Gelassenheit geht!

11. Hören Sie auf, Sachen schnell zu erledigen

Sie kennen das. Es sind noch 20 Minuten, bis Sie den nächsten Termin haben oder ein guter Freund Sie zum gemeinsamen Abend abholt. Da können Sie eben noch...

- das Bett frisch beziehen
- Wäsche aufhängen
- wichtige Mails beantworten
- den nächsten Tag planen.

Plötzlich klingelt Ihr Freund an der Haustüre und Ihnen fällt ein, dass Sie Ihr T-Shirt noch gar nicht gebügelt haben und die Turnschuhe noch schmutzig sind. Wenn Sie zu der abgebrühten Sorte Mensch gehören, lassen Sie Ihren Freund warten. Grundsätzlich entsteht aber großer Stress, da Sie Zeit damit vergeudet haben, andere Dinge noch schnell zu erledigen. Anstatt produktiv zu sein, haben Sie sich nur verzettelt. Dafür gibt es aber eine patente Lösung! Wenn Sie einen bewussten Lebensstil pflegen, wird Ihnen ein solches Verhalten immer wieder auffallen. Es eröffnen sich Chancen dafür, das „mal eben zwischendurch“ zu verändern und „jetzt nicht“ zu sagen.

Sofortmaßnahmen

Erst einmal durchatmen: Wenn die Gefühle hochkochen und Sie kurz davor sind, aus der Haut zu fahren, sollten Sie zuerst tief durchatmen. Zählen Sie bis zehn, vielleicht sogar bis 50. Nehmen Sie eine aufrechte Körperhaltung im Stehen oder Sitzen ein und schieben Sie die Schultern nach hinten. Atmen Sie durch die Nase bis tief in den Bauch, ohne den Brustkorb zu heben. Verwenden Sie dabei die 4-6-8-Methode. Beim Einatmen zählen Sie bis vier, halten anschließend die Luft an, während Sie bis sechs zählen und zählen bis acht, wenn Sie wieder ausatmen. Diese Atemübung führen Sie ruhig mehrmals durch, um Stress und Frust wegzuatmen. Sie vermeiden damit Kurzschlussreaktionen, die nachhaltige Folgen haben können. Probieren Sie es aus – es funktioniert!

Analysieren Sie aufkeimenden Ärger: Versuchen Sie, einen Schritt beiseite zu machen und stellen Sie sich die Frage, was Sie an der Situation so in Rage bringt. Der Ärger hat seinen Ausgangspunkt in Ihnen und wird nur durch Ihr Umfeld ausgelöst. Mit einem gesunden Abstand haben Sie die Chance, einen schärferen Blick auf das gesamte Bild zu werfen.

Sie geben damit der erfahrenen Kränkung die Bedeutung, die ihr zusteht, und schaffen es somit, die eigene Wut auf ein normales Niveau zu bringen. Oftmals steckt hinter solchen Bösartigkeiten nur Dummheit, Naivität oder Schusseligkeit.

Schweigen ist Gold: Verinnerlichen Sie sich diesen Punkt ganz genau, da er große Wichtigkeit hat. Gerade wenn die Wut am größten ist, sollten Sie Ihretwegen den Mund halten, da Ihre Äußerung zum Bumerang werden kann.

Zitat:

„Ein Mensch sagt nur die Wahrheit, wenn er wütend ist."

Graham Green

Spitzfindigkeiten einfach überhören: Wer nicht gleich auf Provokation anspringt, zeigt Größe und Reife. Also überhören Sie einfach die kleinen Sticheleien und schalten Sie Ihre Ohren auf Durchzug.

Einordnen und langfristig denken: Schnell macht sich der Gedanke nach Rache breit. Doch Gleiches mit Gleichem zu vergelten, hat Unrecht noch nie ungeschehen gemacht, sondern eher verschlimmert. Darum sollten Sie sich immer die Folgen deutlich machen.

Zitat:

„Wenn die Wut wächst, denke an

die Konsequenzen.“

Konfuzius

Richten Sie den Blick auf die Zukunft und machen Sie sich die Folgen von einem Wutausbruch deutlich. Sie werden schnell erkennen, welche Reaktion besser ist.

Aktiv werden

Reden: Sprechen Sie mit einem guten Freund oder einer guten Freundin. Damit gelingt Ihnen ein spontaner Abbau von Stress und Ärger, weil Sie dabei die Gedanken neu sortieren und sich vor falschen Einschätzungen schützen. Greifen Sie auf wirklich gute, vertrauenswürdige Menschen zurück, damit Ihnen aus dem Gesagten kein Strick gedreht wird. Der nette Kollege oder die liebe Kollegin sind selten gute Ratgeber, da die Informationen später eventuell gegen Sie verwendet werden, um Sie zu demontieren.

Trinken: Wasser ist dabei die beste und einfachste Methode, um Ärger einfach herunterzuspülen. Bald stellt sich ein ruhigeres Gefühl ein und Sie können wieder einen klaren Gedanken fassen, ohne Wut, Frust und Ärger zu empfinden.

Bewegung: Die beste und effektivste Art, um Ärger und Stress abzubauen ist Sport und Bewegung. Stresshormone werden abgebaut und es entsteht eine gute Distanz zu Ärgernissen und Problemen, die Ihnen im Job und im Alltag begegnen. Nutzen Sie beispielsweise die Mittagspause für einen Spaziergang oder gehen Sie nach dem Feierabend eine Runde trainieren. Sie werden sehen – bewegen bewirkt beim Stressabbau wahre Wunder!

Meditieren und entspannen: Ein stürmisches, überschäumendes Temperament lässt sich mit Yoga und autogenem Training in ein sanft schnurrendes Kätzchen verwandeln. Diese beiden Methoden von Edmund Jacobson erzeugen in bestimmten Muskelgruppen eine gezielte Anspannung, die plötzlich wieder gelöst wird. Durch Anspannen und sofortiges Lösen entspannt sich Ihr Körper innerhalb weniger Minuten. Allerdings bedarf es dafür etwas Übung. Möchten Sie es einmal ausprobieren?

Starten Sie mit den Füßen und halten Sie Ihre Zehen für rund 4 Sekunden mit aller Kraft zusammengeballt. Anschließend lösen Sie ruckartig die Spannung. Machen Sie eine kurze Pause und wiederholen Sie anschließend die Übung. Konzentrieren Sie sich in der kurzen Pause und fühlen Sie die Wärme, die in Ihren Fußspitzen entsteht. Anschließend gehen Sie zur Ferse und zu weiteren Muskelgruppen, die Sie nach und nach anspannen und plötzlich wieder lösen. Die Wirkung ist einmalig, da sich viele Muskeln bereits entspannt haben, bevor Sie zu den Armen gelangen.

Vergeben, vergessen und suchen

Vergeben: Damit ist weder Theatralik noch ein sentimentaler Ausbruch gemeint. Vergeben bedeutet, dass Sie Situationen so akzeptieren müssen, wie sie sind und das Sie sich mit der anderen Person versöhnen, ganz gleich, wie sehr Sie verletzt wurden. Wer nicht vergibt, hat irgendwann nur noch Feinde um sich herum. Sie können Geschehnisse in der Vergangenheit eh nicht mehr ändern. Darum sollten Sie in der Zukunft alle Chancen ergreifen, um wieder selbst über Ihr Leben zu bestimmen.

Vergessen: Steht in einer engen Verbindung zu vergeben und bedeutet, dass Sie mit der Vergangenheit abschließen und ein Aufreißen von alten Wunden verhindern. Damit tun Sie nicht nur sich selbst etwas Gutes, sondern nutzen gleichzeitig die Chance, zu vergeben und sich zu versöhnen.

Suchen Sie nach den guten Seiten. Bösartigkeit zeigt nur eine Seite des Charakters einer anderen Person. Jeder Mensch hat auch eine andere, gute Seite. Vielleicht müssen Sie bei einigen Zeitgenossen länger auf die Suche gehen, um die gute Seite zu finden. Doch es gibt sie! Ausfindig machen lässt sich diese, indem Sie fokussierter hinschauen. Damit verändern Sie die andere Person zwar noch nicht, dafür aber die eigene Einstellung. Oft entpuppt sich dabei die Feindseligkeit als Angst, Ignoranz, Vorurteil, Stolz oder Missverständnis. Vielleicht erkennen Sie sich sogar selbst darin wieder. Die Erkenntnisse helfen dabei, Feindschaften abzubauen.

Zitat:

„Was nicht in uns selbst ist, das
regt uns nicht auf."

Hermann Hesse

Psychologische Kniffe

Sagen Sie mit **Humor** und **Lachen** der Wut den Kampf an. Die Wissenschaft hat das Lachen einmal genauer erforscht und festgestellt, dass sich mit Lachen Stress abbauen lässt. Lachen ist gesund, da es die Abwehrkräfte stärkt, die Stimmung verbessert, Schmerzen lindert und den Blutdruck senkt. Beim Lachen schüttet der Körper vermehrt Glückshormone aus, die eine positive Wirkung erzielen. Lachen fördert eine positivere Einstellung und sogar das Weiterkommen im Beruf. Fröhliche Mitarbeiter sind bedeutend produktiver, leistungsfähiger, kreativer und gesünder. Außerdem sorgen das Lachen und die damit einhergehende positivere Einstellung für soziale Beziehungen mit Zusammenhalt.

Selbstgespräche führen: Indem Sie mit sich selbst reden, erhöhen Sie enorm Ihre Leistungsfähigkeit, sorgen für Ablenkung und können störende Geräusche optimal ausblenden. In der Diskussion mit Ihnen selbst können Sie sich besser von Problemen distanzieren, Sorgen und Ängste lösen, Aggressionen minimieren, einen differenzierten Blick sowie auch mehr Klarheit in Ihren Gedanken erhalten.

Dankbarkeit: Das ist ein wichtiger Eckpfeiler für Erfolg. Indem Sie dankbar sind, erlangen Sie eine bessere Einstellung, Motivation und Beziehung zu anderen Personen. Negative Gedanken werden ausgelöscht und der Stress reduziert sich. Denken Sie einmal nach: Es hätte durchaus schlimmer sein können! Möglicherweise hat das aktuelle Problem Sie vor Schlimmerem bewahrt. Üben Sie sich daher in Dankbarkeit. Seien Sie dankbar für Ihre Freunde, Gesundheit, die liebevolle Familie und für das, was Sie bisher geschafft haben.

Mit Resilienz zu mehr Gelassenheit

Resilienz wird auch als Immunsystem der Seele bezeichnet. Sie gibt den Menschen die benötigte Kraft und Energie, um Krankheiten, Krisen, Schicksalsschläge, Verluste, Misserfolge und persönliche Katastrophen zu überstehen und Gelassenheit zu erlangen. Die Ausprägung ist allerdings von Mensch zu Mensch unterschiedlich. Die Psychologie beschreibt resiliente Menschen als Personen, die Lebenskrisen unbeschadet durchstehen und bereits kurze Zeit später ihr Leben wieder in den Griff bekommen können.

Sie verfügen über enorme seelische Stärke, die es ihnen ermöglicht, schnell wieder zu ihrer Hochform zu gelangen. Warum gelingt das diesen Menschen so leicht? Sind sie von Anfang an mit dieser positiven Eigenschaft ausgestattet worden? Gibt es dafür einen Zaubertrank oder ein Geheimrezept? Nein! Diese Menschen haben Resilienz in ihrem Leben gelernt und immer weiter daran gearbeitet!

Definition: *Resilienz bedeutet, Schicksalsschläge, Frust, Wut und Ärger überwinden zu können!*

Anfang der Neunzigerjahre tauchte der Begriff erstmals in der Verhaltensforschung auf. Resilienz ist abgeleitet vom lateinischen „resillio“, das so viel wie "abprallen oder zurückspringen bedeutet und ursprünglich aus der Physik kommt. Resilienz beschreibt in der Materialforschung extrem elastische Werkstoffe, die nach dem Verformen den Weg zurück in die Ursprungsform finden. In der Verhaltensforschung könnte demnach folgende Definition zu Resilienz gelten:

Definition: *„Resilienz ist die Fähigkeit, schwierige Lebenssituationen ohne anhaltende Beeinträchtigungen zu überstehen.“ Duden*

Definition: *„Als Resilienz bezeichnet man in der Psychologie die Fähigkeit zu Belastbarkeit und innerer Stärke. Vor allem in der therapeutischen Arbeit wird verstärkt wertdaraufgelegt, Resilienz auszubilden, um damit psychische Störungen und andere persönliche Probleme vorzubeugen.“ Stangl, W. Online Lexikon*

Gemäß den Definitionen beschreibt Resilienz die emotionale und seelische Widerstandskraft, die dafür aufgebracht wird, um sich von Krisen, Stress und Anfeindungen, die zu einem Temperamentsausbruch führen könnten, nicht beeinflussen zu lassen.

Sie wachsen über sich hinaus, weil Sie das Beste daraus machen und dazulernen. Sie lassen sich nicht unterkriegen, sondern gehen die Situationen an. Es wird genauer geschaut, ob Sie etwas verändern können oder nicht. Veränderbaren Herausforderungen werden mit der bereitgestellten Energie die Stirn geboten und gleichzeitig stellt sich ein besserer Umgang mit der Belastung ein. Kinder können bereits Resilienz entwickeln, wenn sie früh mit Verlusten oder einem Trauma konfrontiert werden. Dafür ist aber eine unterstützende, positive Bezugsperson sehr wichtig. Im Gegensatz zu Resilienz gibt es die Vulnerabilität, die bei Menschen auftritt, die sehr verletzlich, sensibel und zart besaitet sind. Zu dieser Gruppe zählen rund 15 Prozent der Bevölkerung.

Was sagt die Resilienzforschung?

Die Wissenschaftler, die sich mit dem Thema eingehender beschäftigen, sind der Meinung, dass Leiden zum Leben gehört. Früher wurde die Meinung vertreten, dass Resilienz nichts anderes als Unverletzlichkeit, abgehärtet sein und Gelassenheit bedeutet. Sie kennen doch diese Stehaufmännchen. Diese werden oft als Vergleich für resiliente Menschen herangezogen. Sie fallen hin, stehen wieder auf, rücken die Krone zurecht und machen einfach weiter. So einfach gestaltet es sich aber nicht.

Denn kein Mensch ist gegenüber Trauer, Fehlschlägen, Anfeindungen und Problemen immun. Eine schlimme Krankheit, bösartige Anfeindungen und unüberschaubare Probleme bringen selbst den stärksten Charakter ins Wanken und reißen tiefe Wunden auf.

Zitat:

„Das Leben ist eine
Gratwanderung zwischen allen
Formen der Verletzlichkeit."

Boris Cyrulnik

Der französische Neuropsychiater hat sich mit Resilienz sehr intensiv über viele Jahre hinweg beschäftigt und etliche Bücher darüber verfasst. Der an der Universität von Jena lehrende Soziologe Bruno Hillenbrand geht sogar noch einen Schritt weiter und stellt die Behauptung auf, dass Krisen zum Normalzustand im Leben gehören und nicht als Ausnahme gelten. Die Ratschläge von Philosophen legen Menschen immer mit dem souveränen Umgang mit Leid, Krisen und Problemen nahe. Einmal bei alten römischen Stoikern geschaut, wird deutlich, dass diese davon ausgingen, dass es nur eine einzige Suche nach Faktoren für Resilienz gibt. Ob das wirklich zutrifft, ist nicht weiter belegt. Auch wenn von Seneca, Marc Aurel und Epiktet der richtige Umgang mit Leiden und dem Aufspüren von Gelassenheit gelehrt wurde, sieht das die stoische Ethik eher kritisch, wenn durch Verleumdung Emotionen ausgeschaltet werden. Im Buddhismus wird diese Haltung zusammen mit Gleichgültigkeit gelehrt.

Die Psychiatrie sieht diesen Weg eher als fragwürdig und wenig produktiv, da sich die wahre Lebenskunst nicht auf Verleumdung und Unterdrücken von seelischen Schmerzen begründet. Sie gehören zum Leben dazu, ob Sie wollen oder nicht. Die Frage ist nur, wie Sie diesen Dingen gegenübertreten. Haben Sie ein gewisses Maß an Resilienz, überwinden Sie Kummer, Ängste, Leid, Sorgen und Probleme deutlich schneller als andere Menschen. Sie haben keinen Panzer, von dem alles Negative abprallt, sondern besitzen die Gabe, besser damit umzugehen und haben dadurch entstehende Wut besser unter Kontrolle. Sie durchleben auch Tiefpunkte, verharren aber nicht in einer Schockstarre, sondern rappeln sich immer wieder auf. Achten Sie darauf, während einer Krise nicht ins Grübeln zu verfallen. Damit entstehen nur Gefühle, die Ihr Handeln massiv beeinflussen und den Blick trüben.

Es entstehen Annahmen, die Sie fest in die Gedankenwelt integrieren und die immer dann auftreten, wenn es einmal nicht so gut läuft.

Ein kleines Beispiel: Wenn Sie fest daran glauben, dass Sie niemals auf der Sonnenseite des Lebens sind, geben Sie dem lähmenden Gefühl, welches Verzweiflung heraufbeschwört und Ihnen das Gefühl gibt, dass Sie nichts anderes verdient haben, immer wieder neuen Treibstoff. Sie schwimmen weiter in der trüben Suppe und schaffen es nicht, über den Tellerrand hinauszuschauen. Sie verharren und es tritt Stillstand ein. Wer seine Handlungsfähigkeit zurückerlangen und gelassener werden möchte, muss die eigenen Gedanken neu konditionieren. Indem Sie die Gedanken auf die jetzige Situation konzentrieren, erzeugen Sie eine zuversichtliche Haltung und sagen sich, dass Sie das nächste Mal in der Lage sein werden, die Situation in die richtige Richtung zu lenken.

Die 7 Eckpfeiler der Resilienz

Mit den 7 Eckpfeilern sind wichtige Merkmale der Persönlichkeit eines Menschen gemeint, die ihn bei der Bewältigung von Krisen und Stress auszeichnen. Zusammengenommen ergeben sie die einzigartigen Charaktereigenschaften, die resiliente Menschen vorzuweisen haben.

- Selbstbewusstsein
- innere Stärke
- Gefühlsstabilität
- Optimismus
- Kontaktfreude
- Handlungskontrolle
- Realismus
- Analysestärke

Können Sie sich mit diesen Punkten identifizieren? Wie viele davon haben Sie bei sich selbst entdeckt? Je höher die Zahl der Eigenschaften ist, desto mehr Widerstandskraft steht Ihnen zur Verfügung, um Krisen, Probleme und Ängste ohne extreme Gefühlsausbrüche zu überwinden.

- Das **Selbstbewusstsein** resilienter Menschen erzeugt den starken Glauben an die eigenen Kompetenzen und Fähigkeiten. Jammern ist für sie keine Option.

Die Energie wird dafür verwendet, etwas zu verändern und zu bewegen. In der heutigen Geschäfts- und Wirtschaftswelt ist diese Eigenschaft von großer Bedeutung. Durch das ausgeprägte Selbstvertrauen sind diese Menschen in der Lage, selbst passende Lösungsmöglichkeiten zu finden.
Sie erhalten Bewunderung von anderen und geben damit ihrem Vertrauen in sich selbst einen deutlichen Schub nach vorne.

- Die **Gefühlsstabilität** ist bei resilienten Menschen sehr ausgeprägt, weil sie innere Stärke besitzen und in der Lage sind, die Aufmerksamkeit richtig zu steuern und analytisch mit Gefühlen umzugehen. Sie lokalisieren die Belastungsauslöser wie Sorgen, Kummer, Stress und Feindseligkeiten und betrachten diese als Herausforderung. Damit gelingt es ihnen, nach kurzer Zeit wieder in den richtigen Flow zu kommen. Sie haben einen unerschütterlichen Glauben an sich selbst. Daraus erwächst innere Stärke und Gefühlsstabilität.

- Resiliente Menschen sind Optimisten. Denn durch ihren **Optimismus** sind sie dazu in der Lage, Dinge positiv zu sehen und in verschiedenen Krisensituationen

Widerstandsfähigkeit zu beweisen. Es gibt bei ihnen keine Verallgemeinerungen. In ihrem Wortschatz gibt es keine Sätze wie „das schaffe ich nicht“. Es wird den Tatsachen ins Auge geschaut. Dinge, die gerade nicht rund laufen, funktionieren garantiert beim nächsten Mal.

Sie schlüpfen auch nicht in die Opferrolle und suchen bei sich selbst die Schuld. Die Niederlage wird akzeptiert und es wird nach neuen Lösungsmöglichkeiten Ausschau gehalten. Mit ihrer optimistischen Einstellung eröffnen sich neue Chancen, um Probleme zu beseitigen. Krisen sind nicht mehr allumfassend, sondern zeitlich begrenzt, bis eine Lösung gefunden ist. Damit verlieren Krisen an Gewicht.

- Resiliente Menschen reden gerne und haben gerne Kontakt zu anderen Menschen. Durch die **Kontaktfreude** und das Mitteilen sind sie in problematischen Situationen nicht alleine, da andere Menschen mit einbezogen werden. Es entstehen aktive Gespräche mit Menschen, die über Einfühlsamkeit verfügen, als Unterstützer agieren und dem Gesprächspartner die eigenen Stärken aufzeigen. Kontaktfreudige

Menschen sind durch ihre emotionale Intelligenz in der Lage, Verhalten richtig zu deuten, gelassen damit umzugehen und lange Beziehungen aufzubauen.

- Resilienz beschert eine sehr gute **Handlungskontrolle**. Dadurch entstehen deutlich weniger impulsive Reaktionen, weil mit negativen Reizen überlegter und kontrollierter umgegangen wird. Das Gleiche gilt für positive Reize wie Belohnungen. Es wird abgewägt, ob eine sofortige Belohnung oder spätere Belohnung sinnvoll ist, weil der Verzicht auf Gratifikation dienlicher für Zukunftsziele ist.

- Ein gesunder **Realismus** gehört zur Ausstattung von resilienten Menschen. Sie denken langfristig und leiten die Denkvorgänge von realistischen Zielen ab. Dadurch entsteht das perfekte Grundgerüst, um nicht durch kurzzeitige Wendepunkte im Leben das eigentliche Ziel aus dem Auge zu verlieren. Es erfolgt vielmehr eine gedankliche Vorbereitung auf die Zukunft. Damit gelingt es ihnen, Herausforderungen souveräner und schneller anzugehen. Dabei wird realistisch nach vorne geschaut. Die Desaster-Forschung weiß heute, dass resiliente Menschen Unheil nicht durch einen rosaroten Filter betrachten, sondern konstruktiv an die Verarbeitung von Tragödien, Kummer, Sorgen und Wut herangehen.

- Menschen mit Resilienz besitzen eine ausgeprägte **Analysefähigkeit**.

  Das hilft ihnen dabei, alte, eingefahrene Denk- und Verhaltensmuster abzulegen. Sie erkennen die Ursache der negativen Erlebnisse und setzen sich gezielt damit auseinander. Dabei finden sie bessere Lösungen und Alternativen, die zukunftsorientierte Möglichkeiten bereitstellen.

Resilienz stärken und Gelassenheit erlangen

Krisen besser meistern und das Temperament in den Griff bekommen gelingt Ihnen, wenn Sie die Resilienz stärken und ausbauen. Die US-amerikanische Psychologen-Vereinigung hat dafür vor einiger Zeit eine praktische Anleitung herausgebracht. Sie beinhaltet zum Beispiel folgende Ratschläge:

- Versuchen Sie, Veränderungen und Herausforderungen als festen Bestandteil des Lebens zu akzeptieren.

- Betrachten Sie persönliche Krisen nicht als Hindernisse, die Sie nicht überwinden können.

- Vertrauen Sie auf Ihre persönlichen Ziele und Ihr Können.
- Treffen Sie Entscheidungen aktiv und verabschieden Sie sich von der Opferrolle.

- Beurteilen Sie die jetzige Situation unter dem Aspekt der Langfristigkeit, um neue Perspektiven zu erhalten.

- Starten Sie mit dem Aufbau von sozialen Beziehungen.

- Üben Sie Achtsamkeit und gehen Sie achtsam mit sich selbst um.

- Verinnerlichen Sie eine positive Denkweise über Ihre eigene Person.

Um mehr Gelassenheit zu erlangen und positiv zu denken, gibt es einige Dinge, die Sie machen können:

Reflektieren Sie Krisen und Situationen aus der Vergangenheit, die zu einem Temperamentsausbruch geführt haben. Sobald Sie dort einmal genauer hinschauen, erlangen Sie durch Selbstreflexion die Erkenntnis darüber, welche Herausforderungen Sie bereits gemeistert haben und dass dieses auch in der Zukunft gelingen wird.

Durch die Analyse finden Sie Ihre Stärken und vorhandenen Ressourcen heraus. Die positiven Erkenntnisse verleihen Ihnen Zuversicht. Im Leben läuft nicht immer alles rund. Akzeptieren Sie darum die Situationen so, wie sie sind. Es sind keine bösen Mächte am Werk, die Ihnen die Gelassenheit rauben und Sie falsch leiten. Niederlagen und der Verlust von Gelassenheit passieren einfach so aus heiterem Himmel. Wenn Sie sich die Situation noch einmal vor Augen führen, eröffnen sich ungeahnte Chancen, die Sie für das Lernen von mehr Gelassenheit nutzen können.

Schauen Sie nach Lösungen und Auswegen. Damit schaffen Sie die besten Voraussetzungen, um mit Problemen fertig zu werden und mehr Gelassenheit zu erlangen. Aus den Lösungsansätzen entwickeln sich ganz automatisch neue Ziele.

Auf diese können Sie hinarbeiten und Ihre Motivation erhöhen, anstatt in eine Schockstarre zu verfallen. Indem Sie Herausforderungen für die Weiterentwicklung nutzen, ergeben sich für Sie einzigartige, nützliche Erfahrungen. Es stellt sich eine erweiterte Sichtweise und ein neues Spektrum an Wissen ein. Damit sind Sie für die nächsten Herausforderungen, die Ihre Gelassenheit auf die Probe stellen, bestens gerüstet. Resilienz ist daher auch Weiterentwicklung.

Beginnen Sie damit, Resilienz aufzubauen. Jeder kann es. Nur einer geringen Anzahl von Menschen bleibt dieses verwehrt. Zu dieser Erkenntnis ist der US-Psychologe George A. Bonnano gekommen. Laut ihm sind ein Großteil der Menschen mit den besten Voraussetzungen ausgestattet, um Resilienz zu erlernen, mehr Gelassenheit zu erlangen und das seelische Immunsystem auszubauen.

Entscheidungen treffen und gelassener werden

Jeder Mensch fällt am Tag ungefähr 20.000 Entscheidungen. Viele davon in Windeseile. Das beginnt, wenn morgens früh der Wecker klingelt und Sie sich dazu entscheiden, noch 10 Minuten bis zum nächsten Weckerklingeln liegenzubleiben. Doch damit beschneiden Sie die Zeit für die Morgentoilette und das Frühstück. Es gibt heute Morgen nichts Richtiges zu Essen, sondern nur einen zweiten Kaffee auf die Schnelle. So geht das den ganzen Tag. Viele Entscheidungen treffen Sie unbewusst. Zum Glück! Denn durch die unterschiedlichen Optionen, die Ihnen für Ihre Entscheidungen bereitstehen, würden Sie sonst zu nichts anderem mehr kommen. Auch auf der Arbeit sind immer viele Entscheidungen zu treffen, wo Sie blitzschnell reagieren müssen, ob Sie wollen oder nicht. Die Frage ist aber letztendlich, wie Sie Entscheidungen treffen sollten.

Kopf oder Bauch?

Spontane Entscheidungen und Urteile kommen meist aus dem Bauch. Haben sie deshalb einen anderen Stellenwert als Kopfentscheidungen? Die Antwort lautet: „Ja“! In vielen Fällen sind die Entscheidungen und Urteile, die aus dem Bauch heraus kommen besser, weil Sie intuitiv sind und deutlich schneller gefällt werden. Die Psychologin der Universität Chicago Sian Leah Beilock fand heraus, dass beispielsweise Golfspieler in der Profiliga besser spielen, wenn sie für den nächsten Abschlag keine Zeit zum Nachdenken haben. Nur beim ersten Schlag ist das anders.

Es wird ja immer wieder behauptet, dass Gefühle das Gehirn vernebeln. Das ist nicht ganz richtig, wie ein weiterer Versuch gezeigt hat. Der US-amerikanische Neurologe Antonio Demasio der Iowa University schloss Anfang der Neunzigerjahre dafür die Versuchsteilnehmer an einen Lügendetektor an und gab Ihnen Karten zum Spielen, die vorher präpariert wurden. Das erste Kartenspiel brachte große, das zweite kleine Gewinne. In beiden Stapeln gab es rote Karten, für die Spieler eine Strafe zahlen mussten. Die Tücke: Der zweite Stapel hatte weniger Strafkarten, sodass sich das Spielen damit längerfristig mehr lohnte. Den meisten Probanden fiel das nach der 50. Karte auf. Bei der Auswertung der Lügendetektor-Aufzeichnungen kam sensationelles ans Tageslicht. Ihre Intuition hatte die Teilnehmer schon nach der 10. Karte gewarnt.

Entschiedenheit gleich Entscheidung?

Zitat:

„Wenn du Entscheidungen treffen musst und du triffst keine, ist das auch eine Entscheidung."

William James (US-Psychologe)

Hinter Entschiedenheit steckt aber noch viel mehr, als eine Auswahl zu treffen. Entschiedenheit bedeutet, dass Sie sich komplett auf eine Sache einlassen, die ganze Energie auf die Zielerreichung legen und keine Hintertüre offenlassen. Wenn Sie sich beispielsweise dafür entschieden haben, beim Ironman mitzumachen, können Sie abends nicht faul auf dem Sofa liegen, sondern müssen jeden Tag hart trainieren. Entschiedenheit ist nichts anderes, als bewusst eine Wahl zu treffen und dementsprechend auch zu handeln. Daher gilt der Satz, dass Sie das machen, wonach Ihnen der Sinn steht – aber mit ganzem Herzblut!

Studien haben gezeigt, dass durch eine solche Haltung ungeheure Produktivität und Kreativität entstehen. Langes Zögern und hinausschieben von Entscheidungen ist das Schlimmste, was Sie tun können. Denn damit verlieren Sie nicht nur den Respekt von anderen, sondern auch den Respekt vor sich selbst. Entschiedenheit kann auch bis zur Besessenheit heranwachsen und eine große Gefahr darstellen. Extreme Verbissenheit macht immer einen verkrampften, wenig souveränen Eindruck. Mit Ihren Entscheidungen erfolgt gleichzeitig der Ausschluss vieler weiterer Alternativen:

- Sie entscheiden sich für den Kauf des neuesten iPhones und damit gegen den Kauf von anderen Smartphones.

- Sie entscheiden sich für diesen einen Menschen, um Ihr Leben mit ihm zu teilen und schließen damit andere Personen aus, die vielleicht noch an Ihnen Interesse haben.

Leider schauen Menschen nach dem Verlust, der durch diese spezielle Entscheidung entstehen könnte. Es wird sich nicht über die eigene Entscheidung beziehungsweise Wahl gefreut. Aus der Angst heraus, einen Verlust zu erleiden, werden dumme, unsinnige Entscheidungen getroffen, die nur kurzzeitig als Belohnung gesehen werden. Der amerikanische Verhaltensökonom und angesehene Forscher Dan Ariely verdeutlicht dieses in unzähligen Experimenten, die er mit Testteilnehmern durchgeführt hat.

In einem seiner Experimente setzte er die Teilnehmer vor einen Rechner, der auf dem Bildschirm drei Türen in Rot, Grün und Blau anzeigte. Die Probanden durften sich eine Türe aussuchen und diese anklicken. Anschließend öffnete sich diese Türe zum dahinterliegenden Raum, wo sich drei weitere Türen in den gleichen Farben befanden. In jedem der Räume gab es Geld. Daher bestand die Aufgabe darin, die Türe ausfindig zu machen, hinter der sich die größte Geldsumme befindet, um den Gewinn zu erhöhen. Dafür standen den Teilnehmern 100 Klicks zur Verfügung.

Der Hauptaspekt lag darauf, eine Strategie zu entwickeln, nach der Entscheidungen getroffen werden. Dabei galt es, das meiste aus den begrenzten Optionen herauszuholen. Wahlloses Kligcken reduzierte die Aussicht auf einen hohen Gewinn deutlich. Ariely hat sich für den Test etwas besonders ausgedacht. Haben die Teilnehmer 12 Mal hintereinander eine bestimmte Türe nicht angeklickt, verschwand diese vom Bildschirm. Es stellte sich der Effekt ein, dass die Probanden plötzlich wild herum klickten, weil Sie diesen raffinierten Schachzug erkannt haben. Damit wollten sie das Verschwinden einer Türe verhindern. Sie verloren natürlich eine ganze Menge der begrenzten Optionen, wodurch sich der Gewinn auch schmälerte.

Wären sie allerdings der anfänglichen Entscheidung treu geblieben, hätten sie den höchsten Gewinn erzielen können. Immerhin hatte sich doch nur die Auswahl verringert und damit die Chance verbessert, richtig zu klicken.

Langfristige Entscheidungen – ein Dilemma

Bei langfristigen Entscheidungen entsteht das Problem, dass Sie erst in der Zukunft davon profitieren, da die Ergebnisse erst später sichtbar werden. So sehen Sie beispielsweise bei der Entscheidung für einen bestimmten Beruf erst nach Abschluss der Ausbildung, welche vielen Möglichkeiten sich dadurch bieten. Genauso ist es, wenn Sie sich dazu entscheiden, mehr Gelassenheit zu lernen und nicht mehr wegen jeder Kleinigkeit in die Luft zu gehen.

Da keine sofortige Belohnung erfolgt, werden auf kurzfristige Lösungen zurückgegriffen. Allerdings gehen Sie damit einen Kompromiss ein, weil Sie sich keine Gedanken darüber machen, was Sie wirklich wollen. Kurzfristige Lösungen mögen sogar Vorteile haben, doch sie sind auch sehr gefährlich. Sie verlieren das eigentliche Ziel aus dem Blickfeld, dass Sie zu mehr Gelassenheit sowie einem gesunden, glücklichen und zufriedenen Leben führen soll.

Sie biegen immer öfter von Ihrem eigentlichen Weg ab, nehmen große Umwege und haben sich schnell im Gewirr verlaufen.

Interessante Fakten, die Sie bestimmt noch nicht über Entscheidungen wussten

Sie sollten sich unbedingt mit der Psychologie von Entscheidungen beschäftigen, denn es gibt interessante Ergebnisse aus der Forschung, die Sie zum Staunen bringen werden.

Entscheidungen, die im Dunklen getroffen werden, sind rationaler

Wenn Sie den Gedanken haben, dass Sie in Ihrem Leben etwas verändern möchten und eher rational als emotional entscheiden möchten, sollten Sie das Licht dimmen. Alison Jing Xu von der Rotman School of Management und Aparna Labroo der Northwestern University glauben herausgefunden zu haben, dass sich durch helles Licht positive und negative Gefühle sowie Empfindungen verstärken. Dementsprechend sollten Sie beispielsweise bei Verhandlungen mit sachlichen Entscheidungen das Licht dimmen und beim Verkauf von emotionalen Sachen, wie beispielsweise Blumen, den Raum hell und freundlich ausleuchten.

Entscheidungen mit einer vollen Blase sind besser

Jetzt lachen Sie nicht! An der niederländischen Universität in Twente haben Wissenschaftler tatsächlich diese Aussage untersucht und sind zu dem Ergebnis gekommen, dass sich die Teilnehmer mit einer vollen Blase eher für langfristige Ziele und Vorteile entschieden haben. Das Ergebnis der Kontrollgruppe ist ebenfalls verblüffend. Wenn diese Teilnehmer die Gedanken mit Begrifflichkeiten zum Wasserlassen in Verbindung gebracht haben, stellte sich eine ähnliche Entscheidung ein. Fachleute bezeichnen das als Harndrang-Effekt, der durchaus eine rationale Begründung hat. Sobald ein Mensch einen bestimmten Impuls kontrollieren kann, hat er die Möglichkeit, auch andere Impulse zu kontrollieren.

Stress verursacht gefährliche Entscheidungen

Wenn Sie als Manager in einem Unternehmen arbeiten, sollten Sie sich dessen bewusst sein. Sie haben jeden Tag großen Druck und stehen permanent unter Strom.

Das führt schnell zu riskanten Entscheidungen, ohne über weitere Alternativen nachzudenken. Durch den Stress entsteht eine rationale Distanz zu langfristigen Konsequenzen, die sich zwangsläufig aus der Entscheidung ergeben. Sie gehen lieber in den Angriffs-Modus und verlieren die sonst vorhandene Gelassenheit. Wenn Sie sich solchem Druck von außen entziehen, können Sie Situationen besser reflektieren und eine gesündere Wahl treffen.

Fast immer wird die erste Option gewählt

Stehen Ihnen mehrere Alternativen für eine Entscheidung zur Verfügung, nutzen Sie in der Regel garantiert die erste, ganz gleich, ob es sich um Geschäftsstrategien, Konsumgüter oder Veränderungen in Ihrem Leben handelt, um mehr Gelassenheit zu erlangen. Weshalb ist das so? Die Erklärung ist ganz einfach: Sie entscheiden sich beispielsweise für das erste Jobangebot, weil dieses das Angebot für Ihren Traumjob ist, ohne darüber nachzudenken, welche Vorteile Ihnen die anderen Angebote bringen könnten. In Ihrer Liste haben Sie von Anfang an den Traumberuf auf Platz eins gesetzt und damit diesen priorisiert. Somit nehmen Sie gleichzeitig eine Konditionierung vor, die Sie verinnerlichen. Sie entscheiden nach dem Motto: „Das Erste ist das Beste" und bleiben diesem Muster Ihr Leben lang treu.

Darum wird sich auch fast immer für Bekanntes entschieden und nicht über den Tellerrand hinausgeschaut.

Wer keine Entscheidung fällt, braucht keine Alternativen

In der Fachsprache wird das als Decoy-Effekt bezeichnet. Entdeckt wurde er vom amerikanischen Marketingprofessor Joel Huber. Dafür befragte er 1982 unterschiedliche Personen darüber, ob sie lieber ein entferntes Fünf-Sterne-Restaurant besuchen würden oder das Drei-Sterne-Restaurant um die Ecke. Da sich die Beschreibung eher vage darstellte, war es keine leichte Entscheidung. Huber bot den Probanden darum als dritte Alternative ein Vier-Sterne-Restaurant an, das noch weiter entfernt lag, als das Fünf-Sterne-Restaurant. Genau betrachtet sind das keine sinnvollen Informationen, denn die Teilnehmer haben kein Wissen darüber, welche Vorzüge jedes einzelne Restaurant zu bieten hat. Erstaunlich ist, dass sich die befragten Personen auf einmal für das Fünf-Sterne-Restaurant entschieden. Was ist passiert? Mit dem Vier-Sterne-Restaurant stellte sich ein Maßstab ein, der einen leichteren Vergleich ermöglichte. Darum ist es so wichtig, dass Sie Ihre Alternativen auch begutachten, wenn Sie Entscheidungen treffen möchten.

Großzügigere Entscheidungen durch gute Laune?

Achtung! Entscheidungen, die aufgrund von guter Laune entstehen, stellen sich oftmals als suboptimal heraus. Das wollen Wissenschaftler der Psychologie Fakultät der Universität in Basel herausgefunden haben. Ihre Untersuchung galt der sogenannten sequenziellen Entscheidung. Im Job und auch im Alltag begegnen Sie immer wieder unterschiedlichen Angeboten, die Sie als angenehm empfinden oder die Ihnen gar nicht gefallen. Ihre Entscheidung steht im engen Zusammenhang mit der Qualität, die Ihnen die Auswahl bereitstellt und nicht damit, ob auf kurz oder lang gesucht wird.

Suchen Sie zu kurz, verpassen Sie eventuell bessere Angebote. Sind Sie zu lange auf der Suche, verspielen Sie gute Angebote, da andere Menschen schnell zugreifen. Das Forschungsteam aus Basel hat sich daraufhin damit beschäftigt, welchen Einfluss die Stimmung auf Entscheidungen hat. Das Untersuchungsergebnis zeigt, dass gut gelaunte Teilnehmer schneller ein Angebot akzeptieren. Von diesem Effekt sind erstaunlicherweise eher ältere Menschen betroffen.

In Ihrem Leben müssen Sie immer wieder Entscheidungen treffen, die eine große Tragweite haben.

Dabei geht es nicht nur um finanziellen Wohlstand, sondern in erster Linie darum, sich selbst etwas Gutes zu tun, Stress abzubauen, Ruhe zu finden und gelassener zu werden. Dabei stoßen Sie auch auf weitere Optionen in Ihren Entscheidungen. Diese widerstreben Ihnen, weil Sie mit einfachen Lösungen die Widersprüchlichkeit der Argumente ganz automatisch reduzieren. Allerdings sollten Sie sich vor Augen halten, dass es durchaus eine gemeinsame Existenz der Optionen geben kann. Sie machen sich beispielsweise Gedanken darüber, ob ein Mensch gut oder böse ist, anstatt zu sagen, dass ein Mensch sowohl gut als auch böse ist. Damit ergibt sich eine Ergänzung der beiden gegensätzlichen Optionen. Das können Sie auf allen persönlichen Ebenen anwenden, wenn Sie sich folgende Fragen stellen:

- Chaos oder Ordnung?
- Kontrolle oder Vertrauen?
- Distanz oder Nähe?

Der Mensch will grundsätzlich das Beste aus beiden Optionen. Damit das funktioniert, muss ein Kompromiss her. Darum kommen Sie nicht drum herum, eine Lösung zu finden, die beide Ansprüche zufriedenstellt. Folgende Vorgehensweisen helfen Ihnen dabei:

- Hören Sie endlich mit dem Entweder-Oder-Denken auf. Verbinden Sie die beiden Teile zu einem großen Ganzen. Sie müssen die eine Sache dafür nicht aufgeben, wenn Sie für die Verbindung den richtigen Weg finden.

- Schauen Sie nach der Gewichtung und finden Sie heraus, was wirklich wichtig ist. Die Wichtigkeit steht im engen Zusammenhang mit Ihrer jeweiligen, veränderbaren Situation. Also finden Sie die richtige Mischung heraus, die Sie als äußerst angenehm empfinden. Bedürfnisse wie Freiheit und Sicherheit lassen sich unter einen Hut bringen, wenn die Ausrichtung mal zur einen und mal zur anderen Seite tendiert.

- Hören Sie auf, nach dem richtigen Weg zu suchen. Was bedeutet denn richtig und falsch? Beide wollen Ihnen doch nur weiß machen, dass es nur einen wahren, richtigen Weg für Ihre Entscheidung gibt. In den meisten Situationen ist das nicht zutreffend, da Sie immer eine Wahl haben. Darum bedeutet richtig, dass es für SIE richtig ist. Damit lösen Sie sich bei Ihren Entscheidungen für Veränderungen von festgelegten Erwartungen.

Mit diesen drei Klassikern bessere Entscheidungen treffen

Egal, was Sie in Ihrem Leben verändern möchten – eine große Auswahl an Möglichkeiten macht den Entscheidungsprozess umso schwieriger. Für mehr Gelassenheit gehen Sie auf die Suche nach dem Königsweg, dem goldenen Ei, dessen Existenz eher fragwürdig ist. Es wurden viele Methoden entwickelt, um gelassener zu werden und dies auf eine möglichst einfache Weise zu erreichen. Allerdings müssen die Entscheidungen immer moderner und komplizierter ausfallen und dafür werden absonderliche Wege beschritten. Wahre Hilfestellung erhalten Sie allerdings von den klassischen Methoden, die Ihnen dabei helfen, den richtigen, passenden Weg zu finden.

Pro-Contra-Liste

Sie ist einfach und schnell erstellt und äußerst effektiv. Vor allem, wenn nur zwei Optionen zur Auswahl stehen. Schreiben Sie in die eine Spalte die Argumente, die dafürsprechen und gegenüber die Argumente, die dagegensprechen. So erhalten Sie eine Gegenüberstellung, nach der Sie eine Entscheidung treffen können.

Ihre Entscheidung wird für Sie perfekt, wenn Sie die Anzahl der jeweiligen Argumente außenvorlassen und nur die Qualität betrachten. Beispielsweise können drei sehr gute Argumente auf der Pro Seite mehr Gewicht haben, als fünf weniger gute Vorteile.

Die Entscheidungsmatrix

Damit Sie über die vielen Entscheidungsmöglichkeiten den Überblick behalten, kann eine Entscheidungsmatrix ideal sein. Sie ähnelt der Pro-Contra-Liste. In einer gut überschaubaren Liste werden alle Optionen eingetragen und zusätzlich wichtige Faktoren vermerkt, die Sie berücksichtigen müssen und wollen. Anschließend wird jedem Kriterium und jeder Alternative ein Wert in Form von Punkten zugeteilt. Damit schaffen Sie einen sehr guten Überblick und finden schnell die Faktoren heraus, die am besten passen und solche, die im Gesamtergebnis einen guten Durchschnitt ergeben. Heben Sie die wichtigsten Faktoren hervor, indem Sie dort die Punktzahl verdoppeln. Damit haben diese eine größere Auswirkung auf das Endergebnis.

Der Entscheidungsbaum

Einen Entscheidungsbaum können Sie mit einem Turnier vergleichen. Die unterschiedlichen Alternativen treten dabei gegeneinander an.

Um zwischen den unterschiedlichen Möglichkeiten eine endgültige Entscheidung zu treffen, gehen Sie Schritt für Schritt vor und wägen die Optionen gegeneinander ab. Dabei werden immer zwei ausgewählt. Die Option, die sich besser darstellt, kommt eine Runde weiter und die schlechtere scheidet aus. So kommen Sie nach und nach Ihrem Ziel näher, da immer wieder Alternativen aussortiert werden. Zum Schluss hat sich eine Option gegenüber all den anderen durchgesetzt.

Wie Sie sehen, fällt es nicht schwer, sich für den richtigen Weg zu entscheiden, um mehr Gelassenheit und Zufriedenheit zu erlangen. Sie müssen einfach nur endlich damit anfangen, Dinge in Ihrem Leben genauer zu betrachten.

Lebenskunst – endlich glücklich leben lernen

Die Lebenskunst ist schon seit der Antike ein großes Thema. Bereits damals, genauso wie heute, wurde sich immer wieder mit der Frage beschäftigt, wie man das Leben so lebt, dass es stimmig ist und passt. Gibt es dafür überhaupt feste Richtlinien oder sind Sie selbst maßgeblich dafür verantwortlich, dass Sie glücklich, zufrieden und entspannt Ihr Leben genießen können? Es gibt so viele Zwänge, die die eigene Freiheit beschneiden. Müssen Sie sich diesen überhaupt anpassen? Welche Bedeutung hat eigentlich Lebenskunst?

Lebenskunst definiert sich folgendermaßen:

Der Begriff stammt aus der Philosophie. Es geht dabei um die Bewältigung des Daseins eines jeden Individuums. Bewältigung des Daseins hat allerdings einen unangenehmen Beigeschmack. Viel schöner klingen da Art of Living, Savoir-Vivre oder Ars Vivendi, wie Engländer, Franzosen und Italiener die Lebenskunst bezeichnen. Lebenskunst bedeutet nichts anderes, als das Wissen darüber zu haben, wie Sie leben könnten. Allerdings ist die Übersetzung eher etwas holprig.

Künstler wie beispielsweise Goethe und Thomas Mann haben sich immer wieder daran versucht, das Leben als Kunstwerk zu inszenieren.

Der Hauptbestandteile sind grundsätzlich die eigenen Mittel, die Ihnen zur Verfügung stehen, um das Leben selbst in die Hand zu nehmen. Lebenskunst wird immer wieder im positiven Sinne mit Lebensart gleichgesetzt. Savoir-Vivre bringt genau diesen Gedanken als Lebensgenuss zum Vorschein. Scheinbar beruht die Wahl der Worte darauf, dass die Franzosen gerne genießen und die angenehmen Seiten des Genusses mit Lebenskunst verbinden.

Zitat:

„Die wahre Lebenskunst besteht darin, im Alltäglichen das Wunderbare zu entdecken."

Pearl S. Buck

Ist Lebenskunst gleich Glück?

Das Leben ist einfach wundervoll! Diese Meinung trifft vielfach auf Unverständnis und schürt immer wieder heftige Diskussionen. Denn langläufig setzen Menschen Lebenskunst mit dem süßen Nichtstun gleich, was in der heutigen Gesellschaft eher Mangelware ist. Menschen werden von Leistungsdruck und Verpflichtungen getrieben.

Es gibt gesellschaftliche Zwänge, Werte und Statussymbole, die im Leben zu einer Hetzjagd mutieren, weil die Devise heute nur noch „schneller, höher, weiter“ ist. Es beginnt die Jagd nach dem vermeintlichen Glück. Doch die Medaille hat auch eine zweite Seite, das Unglücklich sein.

Das Streben nach Müßiggang, Gelassenheit und Glück brauchen eine Triebfeder. Diese ergibt sich aus Unglücklich sein. Es entstehen negative Gefühle, die mit einer großen Belastung einhergehen. Und genau diese Belastung sorgt dafür, dass sich Menschen endlich darum kümmern, etwas zu verändern und sich nicht dem „Schicksal“ hinzugeben. Durch Unglücklich sein werden sie endlich kreativ!

Sie wollen dafür einen Beweis? Bitteschön! Ein gutes Beispiel dafür sind große Erfinder und Künstler. Sie haben große Leistungen und Erfolge nicht aus Zufriedenheit und Glücklich sein auf die Beine gestellt. Schauen Sie sich mal die unglaublichen Bilder von Vincent van Gogh an, der unter Depressionen gelitten hat. Seine Bilder haben ein besonderes Strahlen und eine einzigartige Schönheit. Hinter der Ausdruckskraft stehen die Selbsterkenntnis und der große Wunsch, etwas verändern zu wollen und zu müssen.

Ist der Wunsch auf Veränderung groß genug, animiert er Menschen dazu, Höchstleistungen zu erbringen, um das Ziel zu erreichen. Es stellt sich das Begreifen ein, dass Leben und Existenz zweierlei sind. Sobald die beiden Begriffe in umgekehrter Reihenfolge verwendet werden, zeigt sich, dass Existenz nichts über die Qualität des Lebens aussagt. Mit dem Satz „vor sich hinleben" wird deutlich, dass das Leben mitunter trostlos ist und den Menschen in keinster Weise ausfüllt. Aus der eigentlichen Lebenskunst wird die Kunst des Überlebens. Sie werden von Zwängen dominiert. Sie gehen Ihrem Job nach, um die Miete bezahlen zu können, haben vielleicht eine Familie, einen Kredit und ein Auto, wovon Sie in die Pflicht genommen werden. Da klingt Freiheit und Gelassenheit doch sehr verlockend:

- nicht mehr jeden Tag, immer wieder auf ein Neues derselben Arbeit nachgehen zu müssen

- selbst die Entscheidung darüber treffen, was zu erledigen ist

- selbst Prioritäten setzen und dem Leben mit Gelassenheit entgegentreten.

Endlich dieses Hamsterrad verlassen! Bedeutet Freiheit, dass Sie sofort den Job hinschmeißen, sämtliche soziale Kontakte abbrechen, die Wohnung kündigen und auf einer Bank im Park schlafen? Nein! Das ist eher ein überspitztes Beispiel und soll Ihnen deutlich machen, dass etliche der sogenannten Sachzwänge auf Ihrer eigenen Entscheidung beruhen. Sie wollen den Arbeitsplatz nicht kündigen, Freunden und Familie den Rücken kehren und sich keine Parkbank zum Übernachten suchen. Sie wollen auch nicht, dass Sie sich jeden Tag die Frage stellen müssen, wovon Sie sich etwas zu essen kaufen oder leben sollen.

Die wenigsten Menschen gehören zu den Millionären. Und diese arbeiten auch. Es werden Tauschgeschäfte eingegangen, nämlich Arbeit gegen Geld. Gehen Sie einmal in sich, horchen Sie genau hin und versuchen Sie herauszufinden, was Ihnen im Leben wichtig ist. Das müssen Sie herauskristallisieren! Wenn Ihnen bewusst wird, dass Sie die wichtigen Dinge im Leben vernachlässigt haben, wird sich Unglücklich sein einstellen. Also warten Sie nicht länger. Je früher Sie für sich selbst Klarheit darüber bekommen, welche Dinge Ihnen im Leben wichtig sind, desto besser! Lebenszeit können Sie sich mit allem Geld der Welt nicht kaufen, genauso wie Freundschaft und Liebe.

Sobald Sie beginnen, sich mit Lebenskunst zu beschäftigen, setzen Sie sich ganz automatisch mit dem wahren Sinn des Lebens auseinander. Zwangsläufig tauchen dabei unterschiedliche Fragen auf:

- Wer sind Sie?
- Wie wollen Sie gerne sein?
- Welche Stärken haben Sie?
- Welche tiefsten Überzeugungen vertreten Sie?
- Wie erlangen Sie wirklich Gelassenheit und Zufriedenheit?
- Wie sehen Ihre Ziele aus?
- Was haben Sie bisher schon geschafft?

Wenn Sie sich diese Fragen stellen und herausfinden, dass Sie beispielsweise mit Ihrem Job total unzufrieden sind und diesen als sinnlos erachten, sollten Sie sich einen Job suchen, der Sie ausfüllt und glücklich macht. Vielleicht begründet sich Ihr Unglücklich sein auf andere Dinge. Sie lieben Ihre Arbeit und Ihr Leben, stellen aber fest, dass Sie viel zu wenig Zeit für Familie und Freunde haben. Vielleicht ist eine bewusstere Planung und ein durchdachtes Zeitmanagement nötig, um die Kunst des Lebens mehr zu genießen, bewusst dem stressigen Alltag den Rücken kehren, entspannen und Dinge gelassener angehen.

Das ist das neue Motto! Dieser Weg kann bedeuten, dass Sie sich von einer steilen, beruflichen Karriere verabschieden müssen. Egal, was Sie machen – Lebenskunst heißt, den richtigen Weg und Rhythmus zu finden und Zwängen sowie Druck gelassener entgegenzutreten. Weder die Gesellschaft noch andere Menschen haben das allumfassende Wissen über Ihr Leben und wie Sie es gestalten möchten.

Mindfulness – bessere Wahrnehmung und weniger Stress

Gedanken und Gefühlen begegnen Sie überall, nicht nur im Hier und Jetzt. Es wird darüber nachgedacht, was Sie heute noch alles erledigen müssen, welche Probleme auf Sie zukommen könnten und was von Ihnen erwartet wird. Mitunter schaffen Sie es nicht, einen klaren Gedanken zustande zu bringen. Sie schweifen ab, beschäftigen sich gedanklich mit unwichtigen Dingen und können sich nicht auf das Wesentliche konzentrieren. Und schon ist Ihre Gelassenheit dahin.

Eine gute Möglichkeit, dem entgegenzuwirken, soll Mindfulness sein, womit Sie Ihre Gedanken wieder auf die aktuelle Situation lenken können. Bei dem Versuch werden Sie schnell feststellen, dass das gar nicht so einfach ist. Denn Sie haben es sich zur Gewohnheit gemacht, den Fokus Ihrer Gedanken nicht auf den Moment zu legen, sondern abschweifen zu lassen. Was bedeutet Mindfulness und welchen Einfluss hat das auf die Gelassenheit?

Die Definition von Mindfulness

Dahinter steckt eine sehr simple Idee mit dem Kerngedanken, die Konzentration auf die eigenen Sinneseindrücke zu legen und diese bewusst wahrzunehmen. Damit erlangen Sie Kenntnis über die Geschehnisse um Sie herum und wie Sie auf die Ereignisse reagieren. Im ersten Moment mögen Sie sich jetzt die Frage stellen, wodurch Wahrnehmung denn sonst erfolgen sollte, wenn nicht durch die eigenen Sinne. Grundsätzlich ist das richtig! Es ist aber nicht das, was mit Mindfulness gemeint ist.

In der Regel haben Menschen keine bewusste Wahrnehmung. Die meisten Reize werden übergangen und nur ein Bruchteil davon finden wirklich Beachtung. Einfacher ausgedrückt: Es wird zwar gehört und gesehen, aber es wird nicht wirklich gesehen, gehört und gerochen. Wenn Sie im Zug sitzen, den morgendlichen Kaffee trinken oder durch eine Stadt laufen, sind alle Ihre Sinne überaus aktiv. Allerdings nehmen Sie kaum wahr, was um Sie herum alles geschieht. Um das zu verändern, kommt Mindfulness zum Einsatz. Anstatt in Ihrer Gedankenwelt anderswo unterwegs zu sein und Ihre Wahrnehmung nur nebenher laufen zu lassen, werden die eigenen Sinne ganz bewusst auf eine aktuelle Situation fokussiert, der Sie gerade begegnen.

Fällt Ihnen etwas auf? Es besteht eine enge Verbindung zwischen Mindfulness und Achtsamkeit! Denn der Fokus liegt auf dem Akzeptieren der aktuellen Wahrnehmung der Sinne, Gefühle sowie Gedanken und einer wertfreien Inaugenscheinnahme.

Mindfulness lernen – ein guter Ansatz für mehr Gelassenheit

So einfach ist Mindfulness leider nicht zu lernen, auch wenn es den Anschein hat. Auch wenn jeder grundsätzlich in der Lage ist, die Sinne auf den Moment, die aktuelle Situation zu lenken, gibt es eine Kehrseite. Denn es wirklich zu schaffen und in das Leben aufzunehmen, sieht ganz anders aus. Es gibt zwei Probleme, die dem Erreichen dieses Zieles im Wege stehen.

Da gibt es die eigenen Gewohnheiten, die sich seit vielen Jahren in Ihrer Denk- und Handlungsweise etabliert haben. Wenn Sie ehrlich sind, haben Sie sich noch nie näher mit sich beschäftigt und auf aktuelle Situationen geachtet. Sie trainieren vielmehr in die andere Richtung, als in die, die Mindfulness vorgibt.

Sie glauben vielmehr, dass Sie vorausdenken und gut planen, weil Sie in Gedanken mögliche Wege durchspielen. Gedanklich kümmern Sie sich um eine Vielzahl von Dingen gleichzeitig.

Die ständige Überflutung von Reizen ist das zweite Problem, das Mindfulness im Wege steht. Ihr Gehirn versucht ganz automatisch, die vielen Sinneseindrücke aufzunehmen und nach wirklich wichtig und unwichtig zu filtern.

Ein kleines Beispiel: Sie sind auf eine Party eingeladen. Trotz der vielen unterschiedlichen Quellen von Geräuschen, Sprachen und Sätzen kann Ihr Gehör Dinge herausfiltern, die Sie hören wollen.

Das kann das Gespräch mit einer anderen Person sein, die Ihnen gerade gegenübersteht. Alles andere wird dabei einfach ausgeblendet und nur noch dunkel wahrgenommen. Mindfulness bietet Ihnen verschiedene Vorteile. Denn es geht nicht nur darum, ein größeres Bewusstsein für die eigene Umwelt zu erlangen. Vielmehr lenken Sie die Konzentration Ihrer Sinne auf die eigene Wahrnehmung. Damit erzielen Sie gleich mehrere Vorteile:

- Sie **verringern Stress**, weil Sie eine bewusste Wahrnehmung darüber haben, was gerade um Sie herum passiert. Damit gelingt Ihnen das Entschleunigen und es stellt sich ein geringeres Stressempfinden ein.

- Sie **verbessern Ihre Beziehungen**, weil Sie in der Lage sind, dem Gesprächspartner wirklich zuzuhören, nehmen Mimik und Körpersprache wahr und können darauf reagieren. Dadurch wirkt sich Mindfulness positiv auf Beziehungen zu anderen Menschen aus.

- Ihre **Sorgen und Ängste werden geringer**, weil Sie sich weniger Gedanken über mögliche Probleme und Herausforderungen machen. Mit Mindfulness stoppen Sie Gedanken und erlangen eine gewisse Gelassenheit.

Um Mindfulness für sich selbst nutzen können, müssen Sie folgende vier Übungen ausführen. Vermutlich gelingt es Ihnen nicht sofort, aufmerksamer und achtsamer darüber zu werden, was um Sie herum passiert und sofort unwichtige Dinge herauszufiltern. Üben Sie das! Meister fallen nicht vom Himmel!

Und mit den Übungen schaffen Sie es, die Wahrnehmung auf den Moment zu legen.

- **Starten Sie mit viel Zeit:** Für das Training sollten Sie von vorneherein genug Zeit einplanen. Starten Sie gerade am Anfang mit fünf oder zehn Minuten, die Sie sich in Ihrer Freizeit für Mindfulness nehmen. In diesen Minuten fokussieren Sie die Gedanken darauf, die Wahrnehmung zu steuern und zu kontrollieren. Am besten gelingt Ihnen das an Orten, wo Sie ungestört sind. Sie erleichtern sich damit den Einstieg. Ziehen Sie sich beispielsweise in Ihr heimisches Arbeitszimmer zurück, schließen Sie die Türe und sorgen Sie für Ruhe. Achten Sie auf eine Umgebung ohne Ablenkung und konzentrieren Sie sich genau auf den jetzigen Moment.

- Gehen Sie in Gedanken Ihre **einzelnen Sinne** durch. Sehen, hören, schmecken, riechen und fühlen, das sind Ihre fünf Sinne, auf die Sie sich jetzt nacheinander konzentrieren und die Sie ganz bewusst wahrnehmen sollten. Starten Sie beispielsweise mit der bewussten Wahrnehmung darüber, was Sie gerade sehen.

Sie dürfen dabei auch ruhig ein wenig abstrakt denken und nicht nur den Gegenstand, sondern auch Farbe und Form auf sich wirken lassen. Schließen Sie die Augen und hören Sie genau auf alle Geräusche und nehmen Sie diese genauso bewusst wahr. Anschließend machen Sie mit riechen, fühlen und schmecken weiter. Riechen Sie einen besonderen Duft, ein besonderes Aroma, das Blumen in Ihrer unmittelbaren Umgebung verströmen? Fühlen Sie den sanften Windzug, der durch das gekippte Fenster ins Zimmer weht?

- Neben Ihren Sinnen sollten Sie sich auch auf Ihre **Gefühle und Gedanken** konzentrieren. Was empfinden Sie in Verbindung mit Ihrer Sinneswahrnehmung? Welche Gefühle tauchen gerade jetzt auf? In welcher Verbindung stehen Sie zu der Sinneswahrnehmung? Damit horchen Sie in sich hinein und lernen, die eigenen Prioritäten besser zu erkennen und zu verstehen. Sie finden heraus, was Sie jetzt wirklich beschäftigt. Damit Wissen Sie, worauf Sie Ihre Energie konzentrieren sollten. Schauen Sie nach Zusammenhängen und versuchen Sie, diese richtig einzuordnen. Finden Sie heraus, welche Gedanken Einfluss auf welche Gefühle haben. Was bereitet Ihnen Sorgen und schürt Ihre Angst? Welche Dinge stehen in Verbindung mit Positivem und Freude?

- **Nutzen Sie die Meditation**. Sie kann durchaus zielführend sein. Denn es geht dabei nicht um das Erreichen einer höheren Bewusstseinsebene oder um Esoterik. Vielmehr ist sie dafür gedacht, um Ihre Umgebung bewusster zu spüren sowie wahrzunehmen und gleichzeitig einen tiefen Blick in Ihr Inneres zu bekommen und gelassener zu werden.

Es gibt unterschiedliche Methoden, um mehr Gelassenheit, Ruhe und große innere Zufriedenheit zu erlangen. Denken Sie nicht darüber nach, sondern verdeutlichen Sie sich Ihr gewünschtes Ziel.

Angelika Hornig

Was Sie auch interessieren könnte

Lesen Sie auch folgendes:

https://amzn.to/2EGlEYF

oder

„Angelika Hornig“ in die Amazon Suchleiste eingeben

Was Sie auch interessieren könnte

Lesen Sie auch folgendes:

https://amzn.to/31y8CoL

oder

„Angelika Hornig“ in die Amazon Suchleiste eingeben

Hat Ihnen das Buch gefallen?

Angelika Hornig und das Team dahinter wären Ihnen sehr dankbar, wenn Sie sich kurz die Zeit nehmen würden, um eine Rezension zu hinterlassen. Da eine Rezension ein sehr wichtiger Indikator ist, sind wir sehr an Ihrer Meinung interessiert.
Loggen Sie sich dafür einfach in Ihren Amazon Account ein. Sie finden diese Option bei Ihren Bestellungen unter „Schreiben Sie eine Produktrezension“.

Vielen Dank!

Links

- https://karrierebibel.de/gelassenheit/
- https://www.lernen.net/artikel/gelassenheit-lernen-mit-15-tipps-und-uebungen-zu-mehr-ausgeglichenheit-919/
- https://www.welt.de/kmpkt/article180888060/Persoenlichkeit-Wer-leicht-reizbar-ist-ueberschaetzt-die-eigene-Intelligenz.html
- https://www.vernuenftig-leben.de/innere-ruhe/
- https://www.palverlag.de/lebenshilfe-abc/gelassenheit.html
- https://www.vernuenftig-leben.de/innere-ruhe/
- https://karrierebibel.de/lebenskunst/
- https://karrierebibel.de/entscheidung-treffen/
- https://karrierebibel.de/mindfulness/

Haftungsausschluss

Die Umsetzung aller enthaltenen Informationen, Anleitungen und Strategien dieses E-Books erfolgt auf eigenes Risiko. Für etwaige Schäden jeglicher Art kann der Autor aus keinem Rechtsgrund eine Haftung übernehmen. Für Schäden materieller oder ideeller Art, die durch die Nutzung oder Nichtnutzung der Informationen bzw. durch die Nutzung fehlerhafter und/oder unvollständiger Informationen verursacht wurden, sind Haftungsansprüche gegen den Autor grundsätzlich ausgeschlossen. Ausgeschlossen sind daher auch jegliche Rechts- und Schadensersatzansprüche. Dieses Werk wurde mit größter Sorgfalt nach bestem Wissen und Gewissen erarbeitet und niedergeschrieben. Für die Aktualität, Vollständigkeit und Qualität der Informationen übernimmt der Autor jedoch keinerlei Gewähr. Auch können Druckfehler und Falschinformationen nicht vollständig ausgeschlossen werden. Für fehlerhafte Angaben vom Autor kann keine juristische Verantwortung sowie Haftung in irgendeiner Form übernommen werden.

Urheberrecht

Impressum

Autor: Angelika Hornig
vertreten durch:
MAK DIRECT LLC
2880W OAKLAND PARK BLVD, SUITE 225C
OAKLAND PARK, FL 33311
FLORIDA

LinsVerlag
Badstrasse 14
71088 Holzgerlingen

Printed in Poland
by Amazon Fulfillment
Poland Sp. z o.o., Wrocław

83978444R00054